Impressum
Verlag: BABADADA GmbH, Nedderfeld 112 , 22529 Hamburg
Geschäftsführer / Verlagsleitung: Harald Hof
Druck: Books on Demand GmbH, In de Tarpen 42, 22848 Norderstedt

Imprint
Publisher: BABADADA GmbH, Nedderfeld 112 , 22529 Hamburg, Germany
Managing Director / Publishing direction: Harald Hof
Print: Books on Demand GmbH, In de Tarpen 42, 22848 Norderstedt, Germany

1

escola
kool

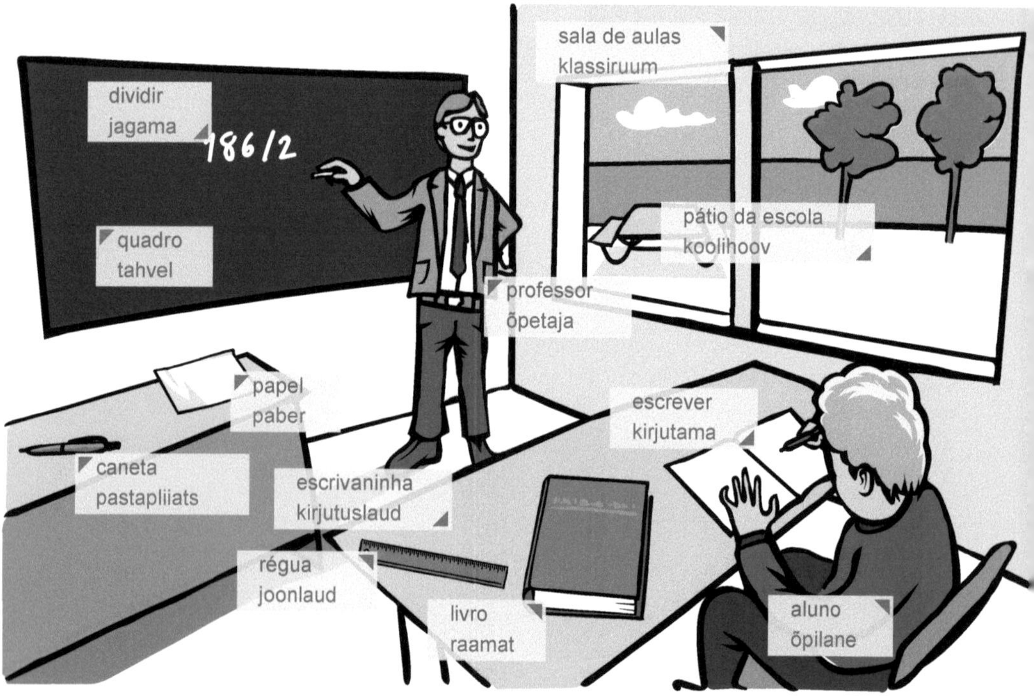
sala de aulas
klassiruum
dividir
jagama
186/2
pátio da escola
koolihoov
quadro
tahvel
professor
õpetaja
papel
paber
escrever
kirjutama
caneta
pastapliiats
escrivaninha
kirjutuslaud
régua
joonlaud
livro
raamat
aluno
õpilane

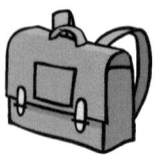

sacola
koolikott

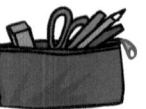

estojo de lápis
pinal

lápis
harilik pliiats

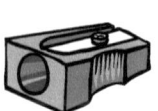

apontador de lápis
pliiatsiteritaja

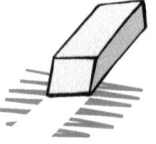

borracha
kustukumm

bloco de desenho
joonistusplokk

desenho

joonistus

pincel

pintsel

estojo de tintas

värvikarp

tesoura

käärid

cola

liim

livro de exercícios

töövihik

lição de casa

kodutöö

12

número

number

2+2

somar

liitma

5-2

subtrair

lahutama

2×2

multiplicar

korrutama

calcular

arvutama

A

letra

täht

ABCDEFG HIJKLMN OPQRSTU VWXYZ

alfabeto

tähestik

hello

palavra

sõna

texto
tekst

ler
lugema

giz
kriit

hora
koolitund

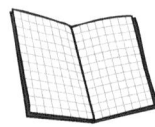

registro da classe
klassipäevik

exame
eksam

certificado
tunnistus

uniforme escolar
koolivorm

educação
haridus

enciclopédia
entsüklopeedia

universidade
ülikool

microscópio
mikroskoop

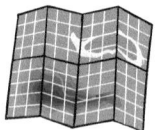

mapa
kaart

cesto de lixo
paberikorv

viagem
reisimine

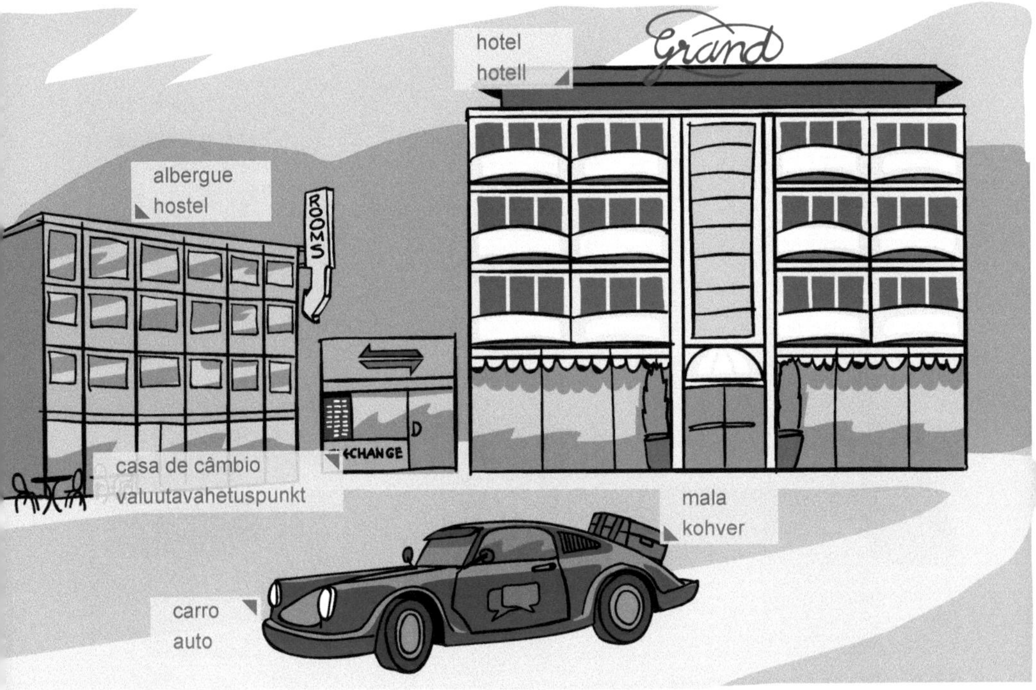
hotel
hotell
Grand
albergue
hostel
ROOMS
casa de câmbio
valuutavahetuspunkt
mala
kohver
carro
auto

idioma

keel

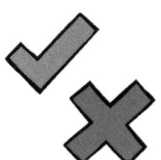

sim / não

jah / ei

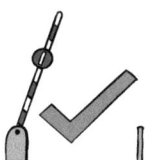

ok

okei

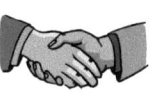

Olá

Tere!

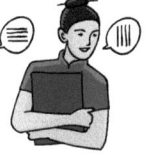

tradutor

tõlk

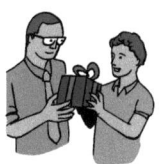

obrigado

Aitäh!

quanto custa...?

Kui palju maksab ...?

eu não entendo

Ma ei saa aru

problema

probleem

boa noite!

Tere õhtust!

Bom dia!

Tere hommikust!

Boa noite!

Head ööd!

até logo

Head aega!

direção

suund

bagagem

pagas

bolsa

kott

mochila

seljakott

convidado

külaline

quarto

tuba

saco de dormir

magamiskott

barraca

telk

informação turística
turismiinfo

praia
rand

cartão de crédito
krediitkaart

café da manhã
hommikusöök

almoço
lõunasöök

jantar
õhtusöök

bilhete
pilet

elevador
lift

selo
postmark

fronteira
riigipiir

alfândega
toll

embaixada
saatkond

visto
viisa

passaporte
pass

transporte
transport

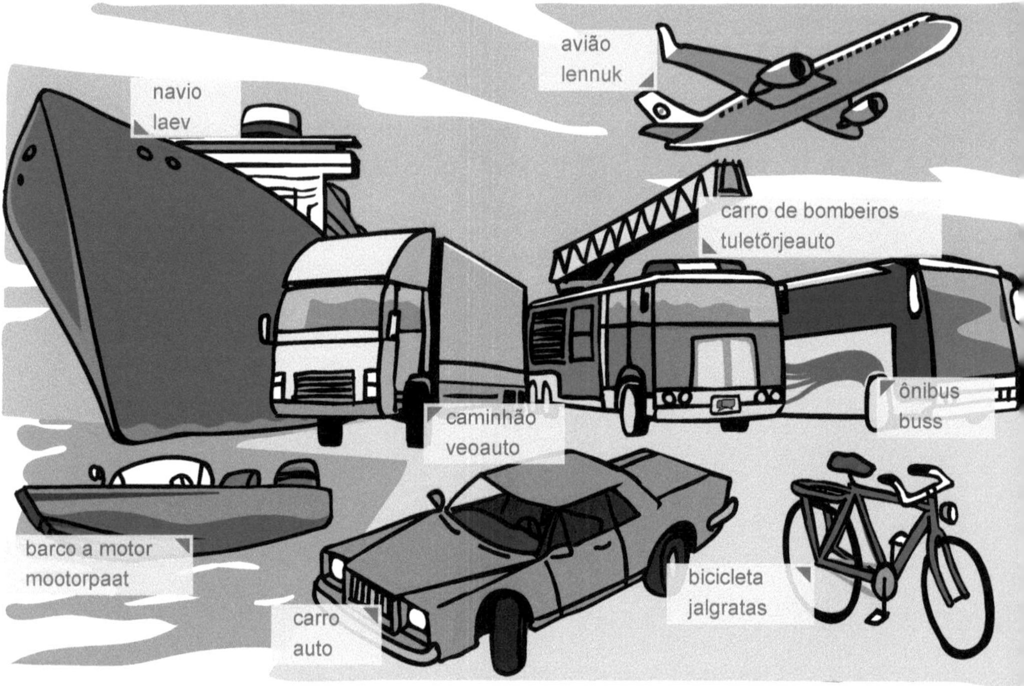

navio
laev
avião
lennuk
carro de bombeiros
tuletõrjeauto
caminhão
veoauto
ônibus
buss
barco a motor
mootorpaat
carro
auto
bicicleta
jalgratas

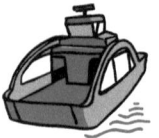

balsa
praam

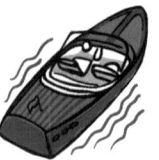

barco
paat

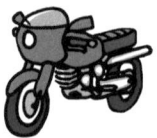

motocicleta
mootorratas

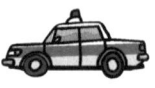

veículo policial
politseiauto

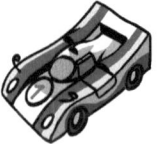

carro de corrida
võidusõiduauto

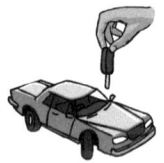

carro de aluguel
rendiauto

compartilhamento de automóvel
ühisauto

caminhão de reboque
puksiirauto

caminhão de lixo
prügiauto

motor
mootor

combustível
kütus

posto de gasolina
tankla

placa de trânsito
liiklusmärk

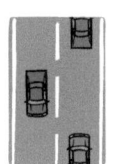

trânsito
liiklus

trânsito lento
liiklusummik

estacionamento
parkla

estação de trem
raudteejaam

trilhos
rööpad

trem
rong

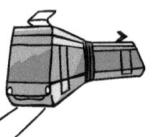

bonde
tramm

vagão
vagun

helicóptero

helikopter

aeroporto

lennujaam

torre

torn

passageiro

reisija

contêiner

konteiner

cartolina

pappkast

carroça

käru

cesto

korv

decolar / pousar

õhku tõusma / maanduma

cidade

linn

vilarejo

küla

centro da cidade

kesklinn

casa

maja

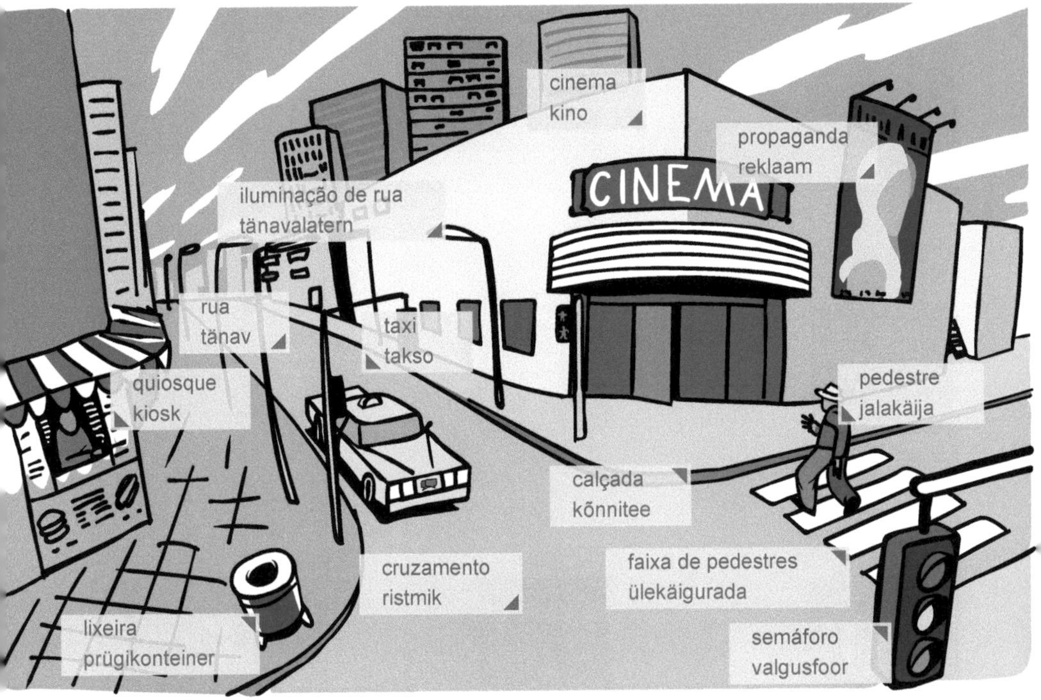

cinema
kino

propaganda
reklaam

iluminação de rua
tänavalatern

CINEMA

rua
tänav

taxi
takso

pedestre
jalakäija

quiosque
kiosk

calçada
kõnnitee

cruzamento
ristmik

faixa de pedestres
ülekäigurada

lixeira
prügikonteiner

semáforo
valgusfoor

cabana

osmik

apartamento

kortermaja

estação de trem

raudteejaam

prefeitura

raekoda

museu

muuseum

escola

kool

cidade - linn

11

universidade
ülikool

banco
pank

hospital
haigla

hotel
hotell

farmácia
apteek

escritório
kontor

livraria
raamatupood

loja
kauplus

floricultura
lillepood

supermercado
supermarket

mercado
turg

loja de departamentos
kaubamaja

peixaria
kalapood

centro comercial
kaubanduskeskus

porto
sadam

parque
park

banco
pink

ponte
sild

escadas
trepp

metrô
metroo

túnel
tunnel

ponto de ônibus
bussipeatus

bar
baar

restaurante
restoran

caixa de correspondência
postkast

placa de rua
tänavasilt

parquímetro
parkimisautomaat

zoológico
loomaaed

piscina
ujula

mesquita
mošee

fazenda

talu

poluição

reostus

cemitério

surnuaed

igreja

kirik

parquinho

mänguväljak

templo

tempel

paisagem
maastik

folha
leht

placa de sinalização
teeviit

caminho
tee

gramado
aas

pedra
kivi

caminhantes
matkaja

árvore
puu

rio
jõgi

grama
rohi

flor
lill

vale
org

montanha
mägi

lago
järv

floresta
mets

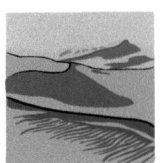

deserto
kõrb

vulcão
vulkaan

castelo
linnus

arco-íris
vikerkaar

cogumelo
seen

palmeira
palm

mosquito
sääsk

mosca
kärbes

formiga
sipelgas

abelha
mesilane

aranha
ämblik

besouro

mardikas

sapo

konn

esquilo

orav

ouriço

siil

lebre

jänes

coruja

öökull

pássaro

lind

cisne

luik

javali

metssiga

veado

hirv

alce

põder

barragem

pais

aerogerador

tuuleturbiin

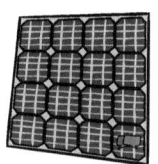

painel solar

päikesepaneel

clima

kliima

restaurante
restoran

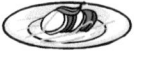

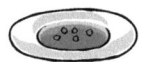

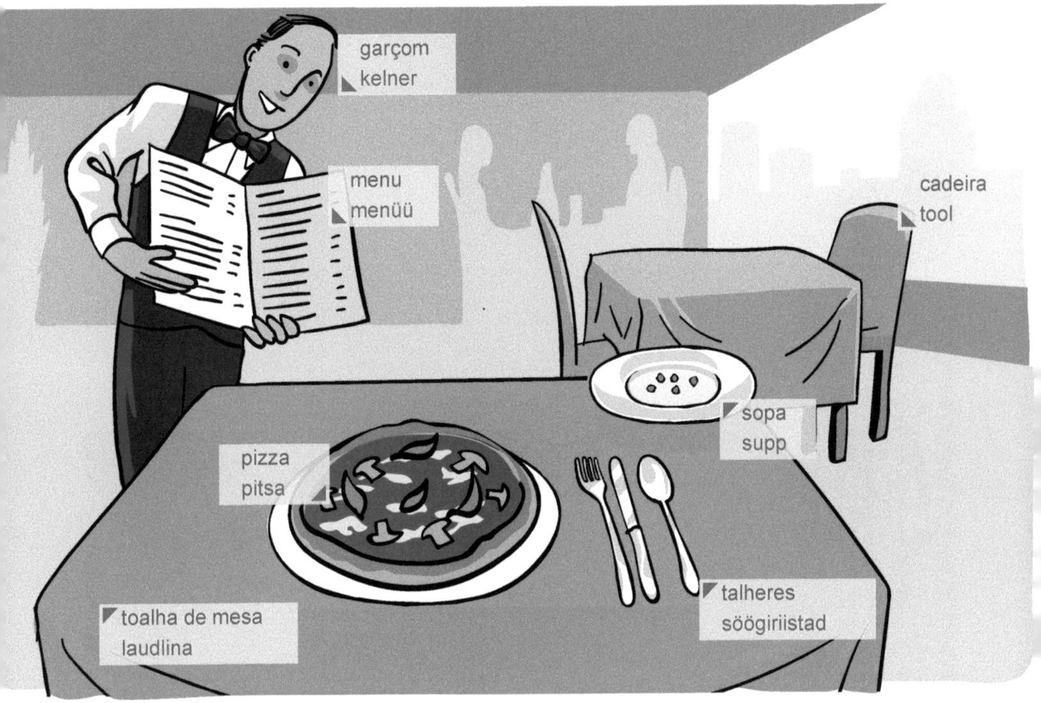
garçom
kelner
menu
menüü
cadeira
tool
sopa
supp
pizza
pitsa
talheres
söögiriistad
toalha de mesa
laudlina

entrada

eelroog

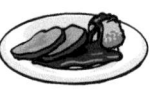

prato principal

pearoog

sobremesa

magustoit

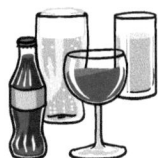

bebidas

joogid

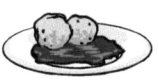

comida

toit

garrafa

pudel

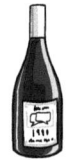

fastfood

kiirtoit

comida de rua

tänavatoit

bule de chá

teekann

açucareiro

suhkrutoos

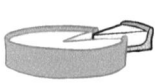

porção

portsjon

máquina de expresso

espressomasin

cadeirão

lastetool

conta

arve

bandeja

kandik

faca

nuga

garfo

kahvel

colher

lusikas

colher de chá

teelusikas

guardanapo

salvrätik

copo

klaas

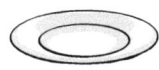

prato
taldrik

prato de sopa
supitaldrik

pires
alustass

molho
kaste

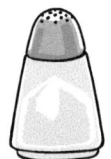

saleiro
soolatoos

moedor de pimenta
pipraveski

vinagre
äädikas

óleo
õli

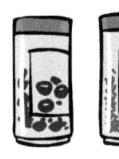

especiarias
vürtsid

ketchup
ketšup

mostarda
sinep

maionese
majonees

supermercado
supermarket

oferta especial
eripakkumine
FOR
cliente
klient
laticínios
piimatooted
frutas
puuviljad
carrinho de compras
ostukäru

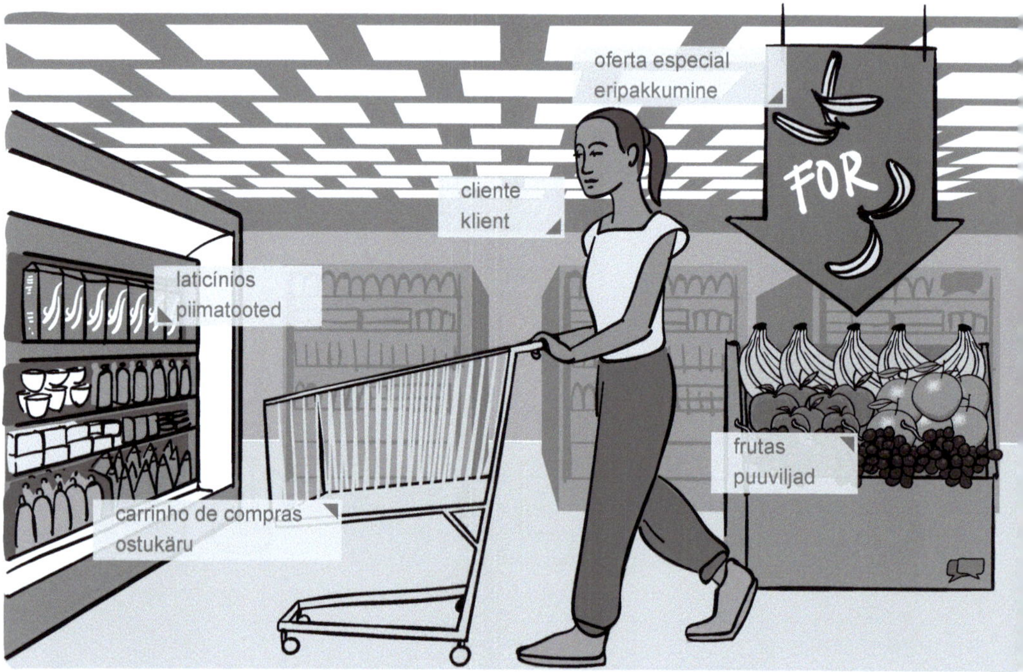

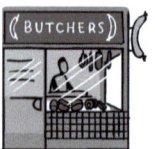

BUTCHERS

açougue

lihapood

BAKERY

padaria

pagariäri

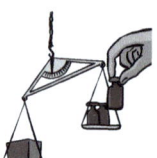

pesar

kaaluma

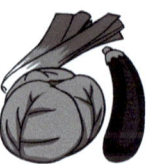

legumes

köögiviljad

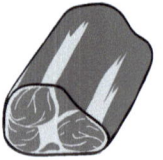

carne

liha

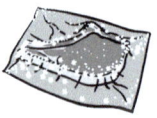

congelados

külmutatud toit

charcutaria
lihalõigud

conservas
konservid

detergente em pó
pesupulber

doces
maiustused

artigos domésticos
majatarbed

produtos de limpeza
puhastustooted

vendedora
müüja

caixa
kassaaparaat

caixa
kassapidaja

lista de compras
ostunimekiri

horário de funcionamento
lahtiolekuajad

carteira
rahakott

cartão de crédito
krediitkaart

sacola
kott

saco plástico
kilekott

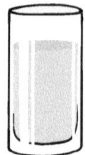

água

vesi

suco

mahl

leite

piim

coca-cola

koola

vinho

vein

cerveja

õlu

álcool

alkohol

cacau

kakao

chá

tee

café

kohv

expresso

espresso

cappuccino

cappuccino

banana

banaan

maçã

õun

laranja

apelsin

melão

arbuus

limão

sidrun

cenoura

porgand

alho

küüslauk

bambu

bambus

cebola

sibul

cogumelo

seen

nozes

pähklid

macarrão

nuudlid

espaguete

spagetid

arroz

riis

salada

salat

batatas fritas

friikartulid

batatas frias

praekartulid

pizza

pitsa

hambúrger

hamburger

sanduíche

võileib

escalope

šnitsel

presunto

sink

salame

salaami

salsicha

vorst

galinha

kana

assado

praeliha

peixe

kala

flocos de aveia

kaerahelbed

granola

müsli

flocos de milho

maisihelbed

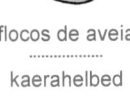

farinha

jahu

croissant

sarvesai

pãozinho

kukkel

pão

leib

torrada

röstsai

biscoitos

küpsised

manteiga

või

requeijão

kohupiim

bolo

kook

ovo

muna

ovo frito

praemuna

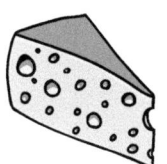

queijo

juust

sorvete

jäätis

açúcar

suhkur

mel

mesi

geleia

moos

creme de avelãs

pähklivõie

curry

karri

fazenda
talu

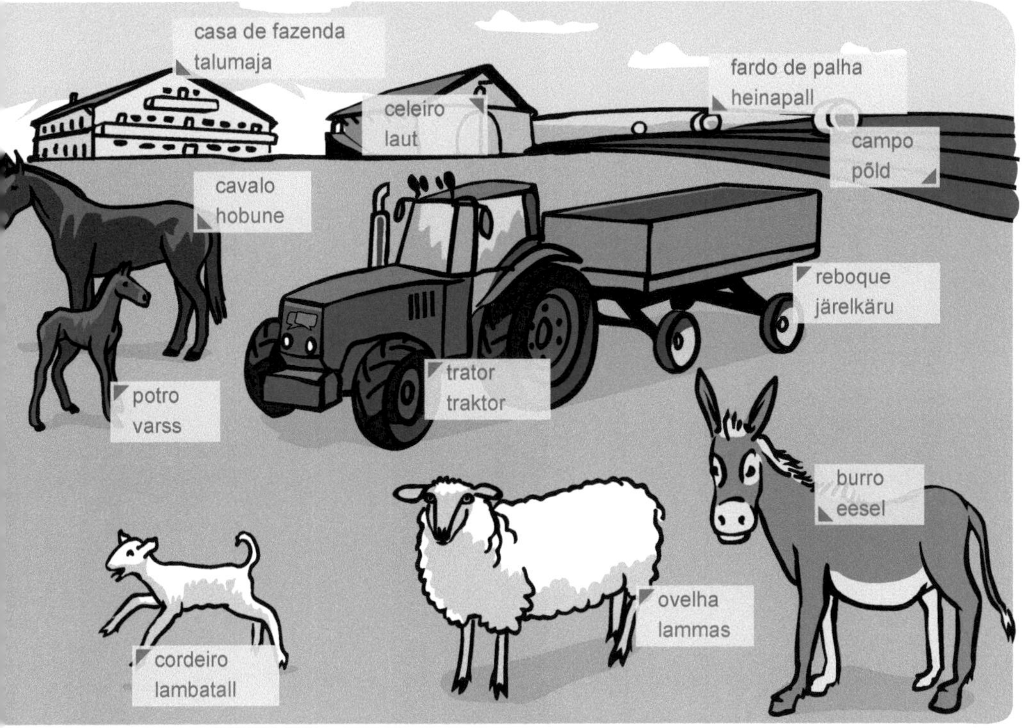

casa de fazenda
talumaja
celeiro
laut
fardo de palha
heinapall
campo
põld
cavalo
hobune
reboque
järelkäru
trator
traktor
potro
varss
burro
eesel
ovelha
lammas
cordeiro
lambatall

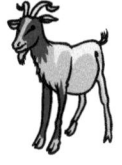

cabra

kits

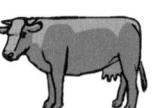

vaca

lehm

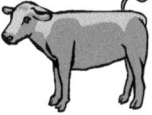

bezerro

vasikas

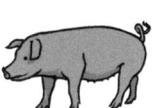

porco

siga

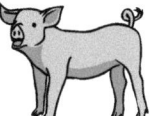

leitão

põrsas

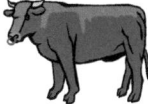

touro

pull

ganso

hani

pato

part

pintinho

tibu

galinha

kana

galo

kukk

ratazana

rott

gato

kass

camundongo

hiir

boi

härg

cachorro

koer

casinha do cachorro

koerakuut

mangueira de jardim

aiavoolik

regador

kastekann

foice

vikat

arado

ader

foice
sirp

enxada
kõblas

forquilha
hang

machado
kirves

carrinho de mão
käru

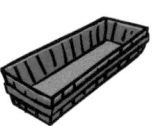

manjedoura
küna

jarra de leite
piimanõu

saco
kott

cerca
tara

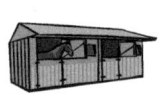

estábulo
tall

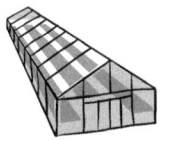

estufa
kasvuhoone

solo
muld

semente
seeme

fertilizante
väetis

colheitadeira
kombain

colher

saaki koristama

colheita

saagikoristus

inhame

jamss

trigo

nisu

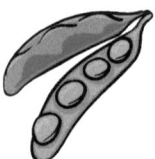

soja

soja

batata

kartul

milho

mais

colza

raps

árvore frutífera

viljapuu

mandioca

maniokk

cereais

teravili

casa
maja

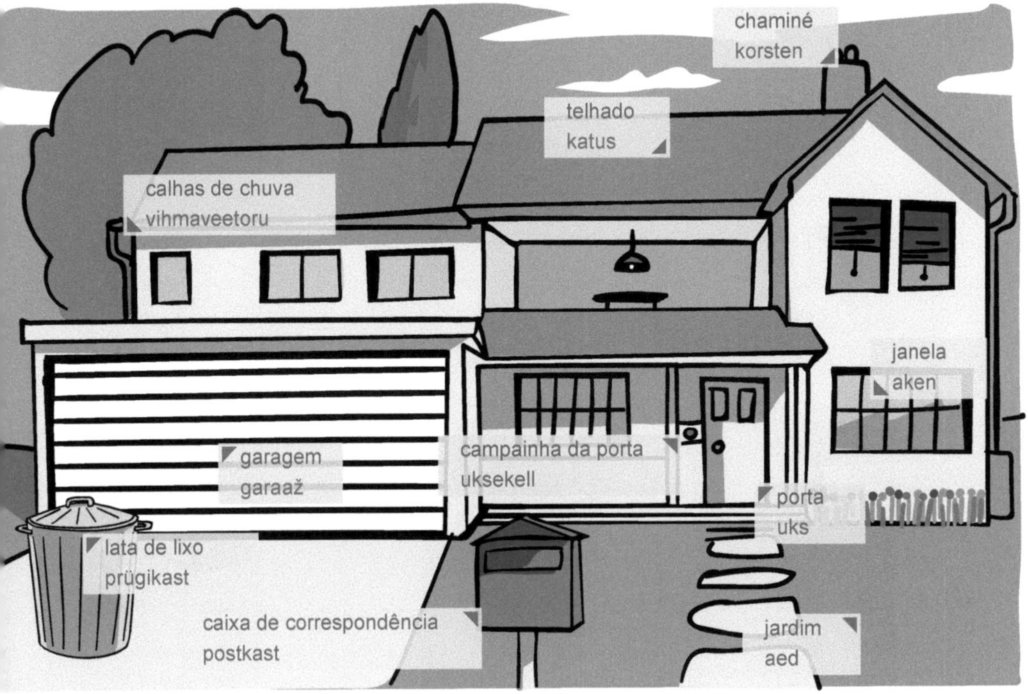

chaminé
korsten
telhado
katus
calhas de chuva
vihmaveetoru
janela
aken
garagem
garaaž
campainha da porta
uksekell
porta
uks
lata de lixo
prügikast
caixa de correspondência
postkast
jardim
aed

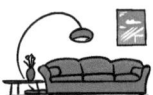

sala de estar

elutuba

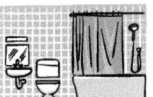

banheiro

vannituba

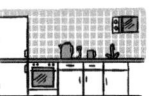

cozinha

köök

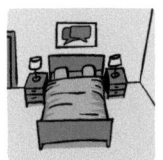

quarto de dormir

magamistuba

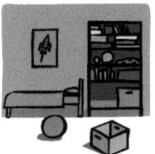

quarto de criança

lastetuba

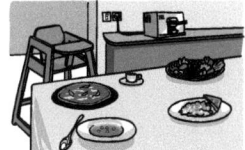

sala de jantar

söögituba

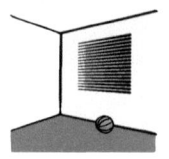

chão
põrand

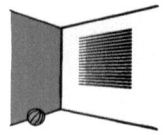

parede
sein

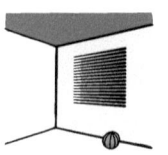

teto
lagi

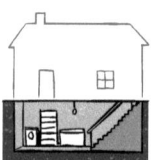

porão
kelder

sauna
saun

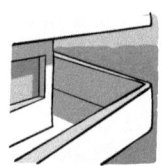

varanda
rõdu

terraço
terrass

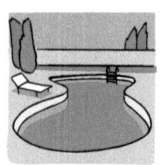

piscina
bassein

cortador de grama
muruniiduk

lençol
voodilina

coberta
päevatekk

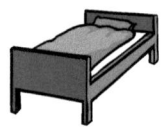

cama
voodi

vassoura
luud

balde
ämber

interruptor
lüliti

sala de estar
elutuba

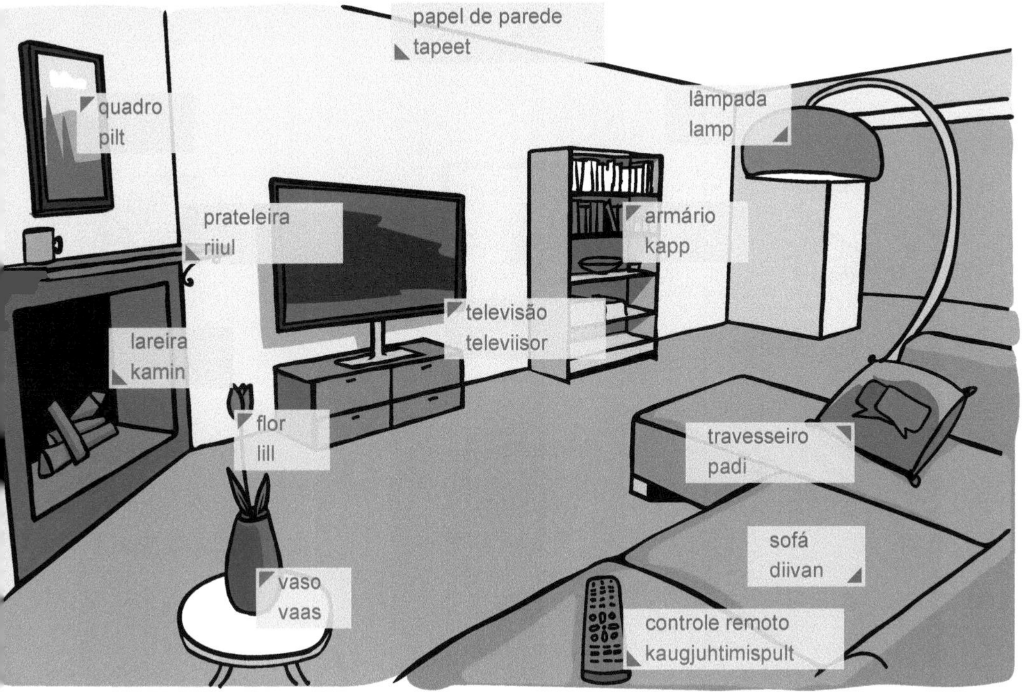
papel de parede
tapeet
quadro
pilt
lâmpada
lamp
prateleira
riiul
armário
kapp
televisão
televiisor
lareira
kamin
flor
lill
travesseiro
padi
sofá
diivan
vaso
vaas
controle remoto
kaugjuhtimispult

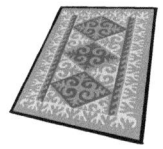

tapete
vaip

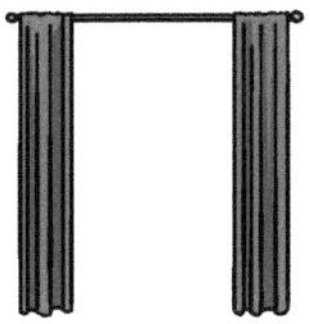

cortina
kardin

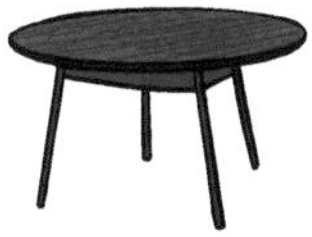

mesa
laud

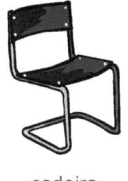

cadeira
tool

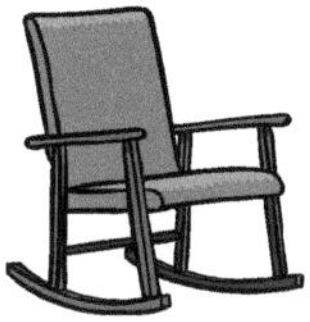

cadeira de balanço
kiiktool

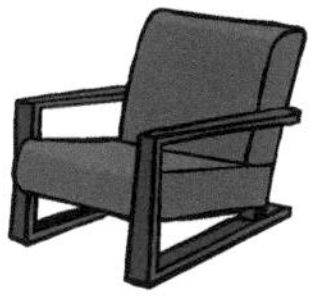

poltrona
tugitool

livro

raamat

cobertor

tekk

decoração

kaunistus

lenha

küttepuud

filme

film

equipamento de som

helisüsteem

chave

võti

jornal

ajaleht

pintura

maal

pôster

plakat

rádio

raadio

bloco de notas

märkmik

aspirador

tolmuimeja

cacto

kaktus

vela

küünal

cozinha
köök

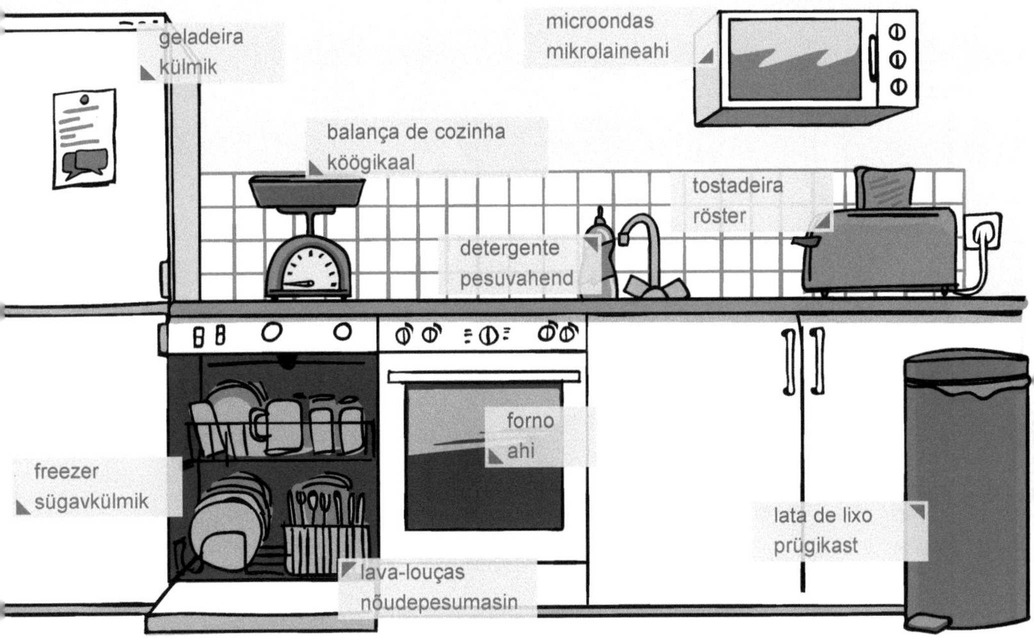

geladeira
külmik
microondas
mikrolaineahi
balança de cozinha
köögikaal
tostadeira
röster
detergente
pesuvahend
forno
ahi
freezer
sügavkülmik
lata de lixo
prügikast
lava-louças
nõudepesumasin

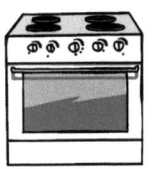

fogão
pliit

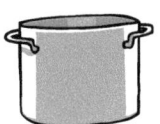

panela
pott

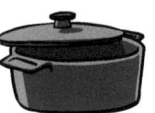

panela de ferro
malmpott

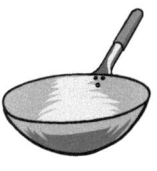

wok / kadai
vokkpann

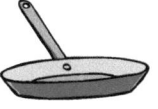

frigideira
pann

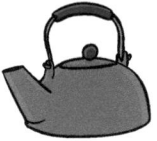

chaleira
veekeetja

panela a vapor

aurutaja

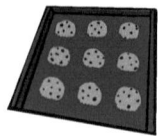

tabuleiro de forno

küpsetusplaat

louça

lauanõud

caneca

kruus

caçarola

kauss

hashi

söögipulgad

concha de sopa

kulp

espátula

pannilabidas

batedor

vispel

escorredor

kurn

peneira

sõel

ralador

riiv

almofariz

uhmer

churrasqueira

grill

lareira

lahtine tuli

tábua de cortar

lõikelaud

rolo da massa

tainarull

saca-rolhas

korgitser

lata

konservipurk

abridor de latas

konserviavaja

pegador de panela

pajakinnas

pia

kraanikauss

escova

hari

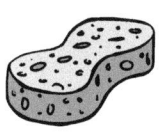

esponja

pesukäsn

liquidificador

kannmikser

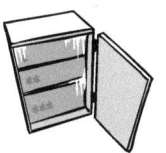

congelador

sügavkülmuti

mamadeira

lutipudel

torneira

segisti

banheiro
vannituba

aquecimento
küte
ducha
dušš
toalha
käterätik
cortina de chuveiro
dušikardin
banho de espuma
mullivann
banheira
vann
copo
klaas
lava-roupa
pesumasin
torneira
segisti
azulejos
plaadid
penico
pissipott
pia
kraanikauss

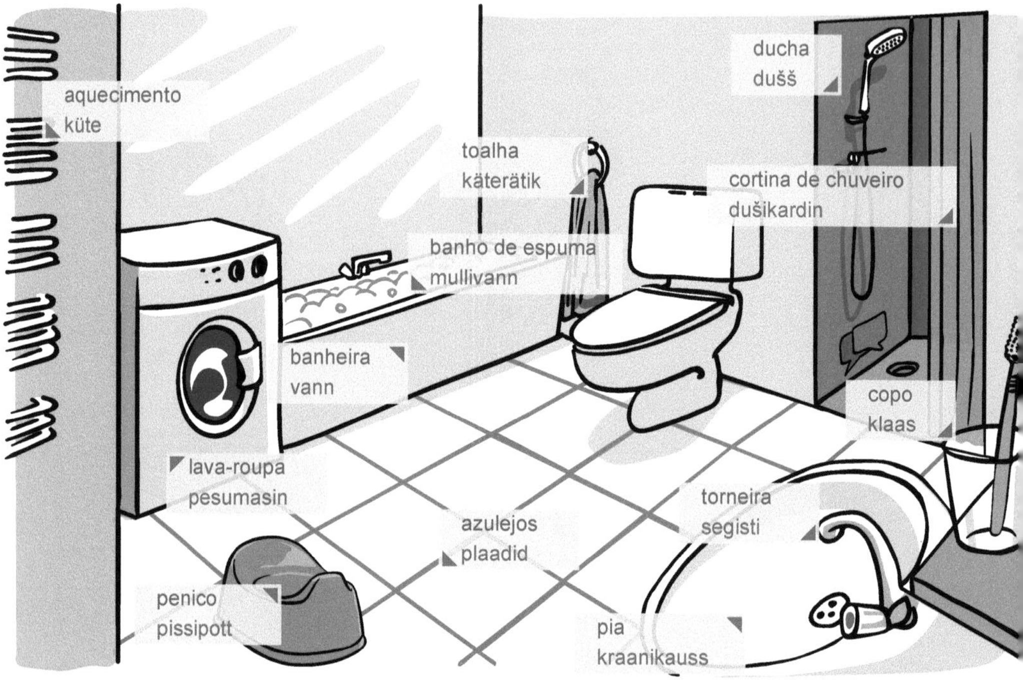

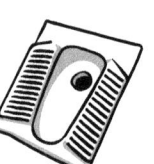

vaso sanitário

WC-pott

lavabo de agachar

kükitamistualett

bidê

bidee

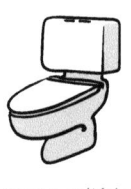

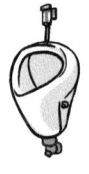

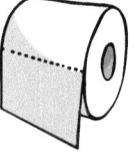

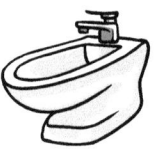

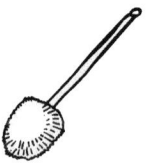

mictório

pissuaar

papel higiênico

tualettpaber

escova de privada

WC-hari

escova de dentes

hambahari

pasta de dentes

hambapasta

fio dental

hambaniit

lavar

pesema

ducha de mão

käsidušš

ducha íntima

intiimdušš

bacia

pesukauss

escova para as costas

seljahari

sabonete

seep

gel de banho

dušigeel

xampu

šampoon

toalha de rosto

vamm

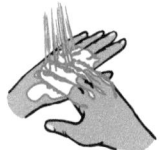

escoamento

äravool

creme

kreem

desodorante

deodorant

espelho

peegel

espelho de mão

käsipeegel

barbeador

habemenuga

espuma de barbear

raseerimisvaht

loção pós-barba

habemevesi

pente

kamm

escova

hari

secador de cabelo

föön

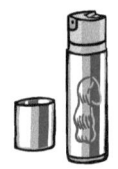

spray de cabelo

juukselakk

maquiagem

meigikomplekt

batom

huulepulk

esmalte de unhas

küünelakk

algodão

vatt

tesoura para unhas

küünekäärid

perfume

parfüüm

nécessaire
tualett-tarvete kott

banquinho
taburet

balança
kaal

roupão de banho
hommikumantel

luvas de borracha
kummikindad

absorvente interno
tampoon

absorvente íntimo
hügieeniside

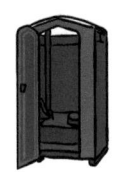

banheiro químico
keemiline tualett

quarto de criança
lastetuba

despertador
äratuskell
boneco de pelúcia
pehme mänguasi
carrinho de brinquedo
mänguauto
chacoalho
kõristi
casa de bonecas
nukumaja
presente
kingitus

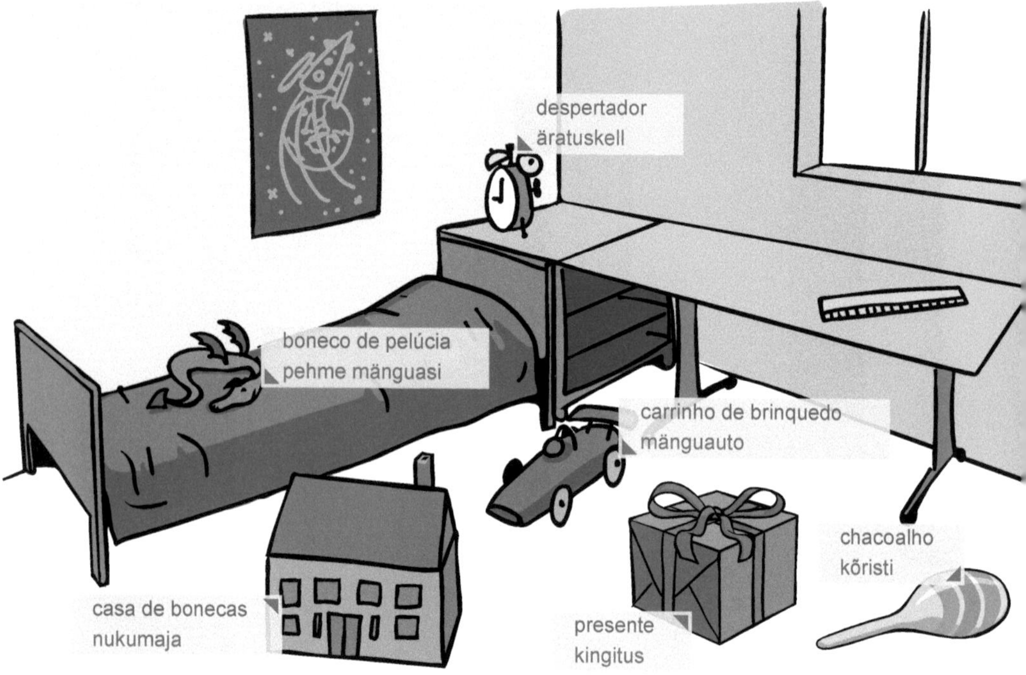

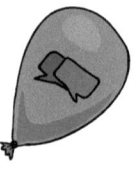

balão

õhupall

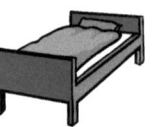

cama

voodi

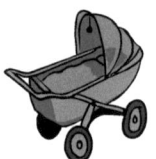

carrinho de bebê

lapsevanker

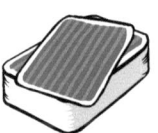

jogo de cartas

kaardipakk

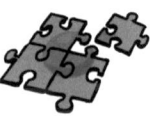

quebra-cabeças

pusle

SUPER
MEGA

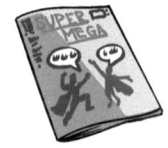

revista de quadrinhos

koomiks

peças de Lego

Lego klotsid

blocos de construção

klotsid

figura de ação

kujuke

macaquinho de bebê

siputuspüksid

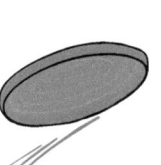

frisbee

lendav taldrik

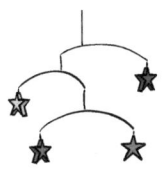

móbile para bebé

voodikarussell

jogo de tabuleiro

lauamäng

dados

täringud

trenzinho elétrico

mudelrong

chupeta

lutt

festa

pidu

livro ilustrado

pildiraamat

bola

pall

boneca

nukk

brincar

mängima

caixa de areia

liivakast

balanço

kiik

brinquedos

mänguasjad

videogame

mängukonsool

triciclo

kolmerattaline jalgratas

ursinho de pelúcia

mängukaru

guarda-roupa

riidekapp

vestuário

riietus

meias

sokid

meias pelo joelho

sukad

meias-calças

sukkpüksid

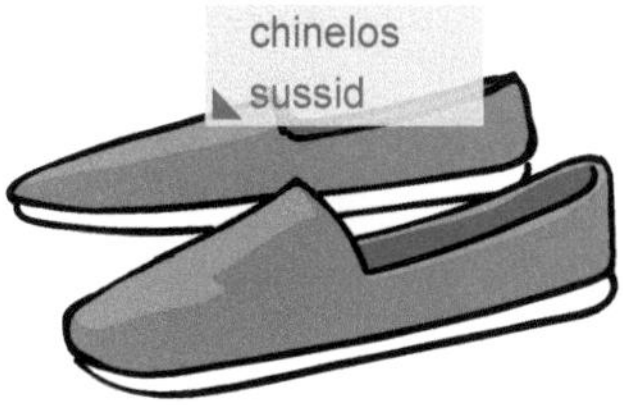

cachecol
sall

guarda-chuva
vihmavari

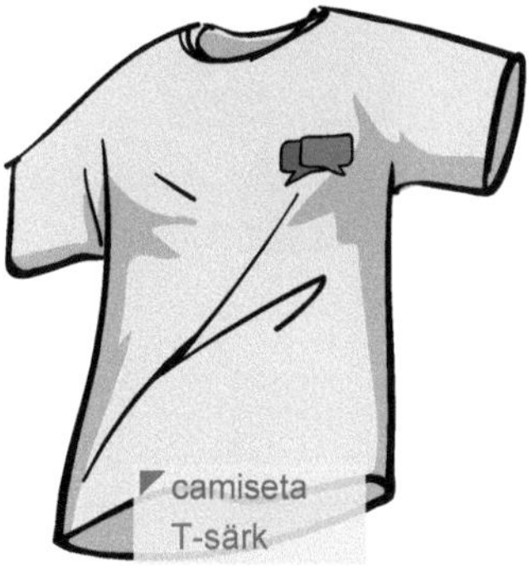

camiseta
T-särk

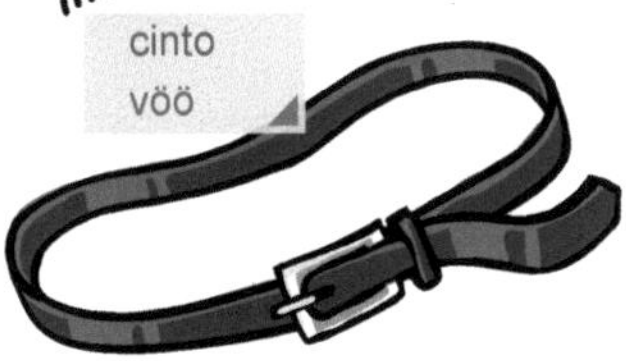

cinto
vöö

botas
saapad

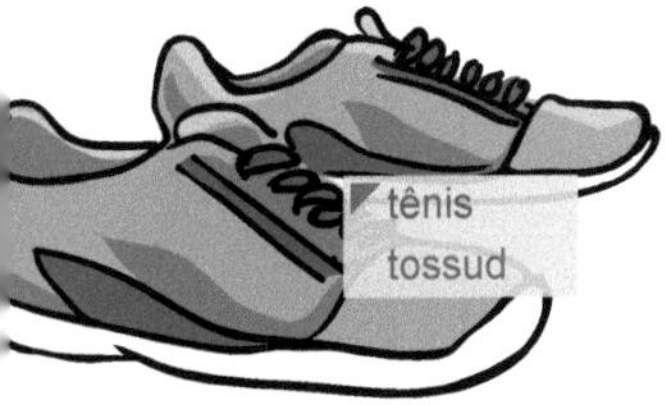

chinelos
sussid

tênis
tossud

sandálias
....
sandaalid

sapatos
....
jalatsid

botas de borracha
....
kummikud

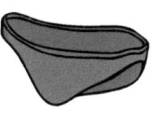

roupa de baixo
....
aluspüksid

sutiã
....
rinnahoidja

camiseta de baixo
....
vest

body
bodi

calças
püksid

jeans
teksapüksid

saia
seelik

blusa
pluus

camisa
särk

pulôver
sviiter

suéter com capuz
dressipluus

blazer
bleiser

jaqueta
jakk

casaco
mantel

gabardine
vihmamantel

traje
kostüüm

vestido
kleit

vestido de casamento
pulmakleit

terno
ülikond

camisola
öösärk

pijama
pidžaama

sari
sari

lenço de cabeça
pearätt

turbante
turban

burca
burka

cafetã
kaftan

abaya
abayah

maiô
ujumistrikoo

sunga
ujumispüksid

shorts
lühikesed püksid

roupa de treino
dressid

avental
põll

luvas
kindad

botão

nööp

óculos

prillid

pulseira

käevõru

colar

kaelakee

anel

sõrmus

brinco

kõrvarõngas

boné

nokamüts

cabide

riidepuu

chapéu

kaabu

gravata

lips

zíper

tõmblukk

capacete

kiiver

suspensórios

traksid

uniforme escolar

koolivorm

uniforme

vormirõivad

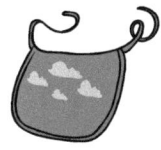

babador

pudipõll

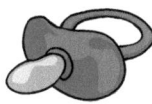

chupeta

lutt

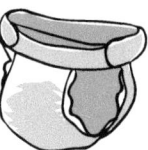

fralda

mähe

escritório
kontor

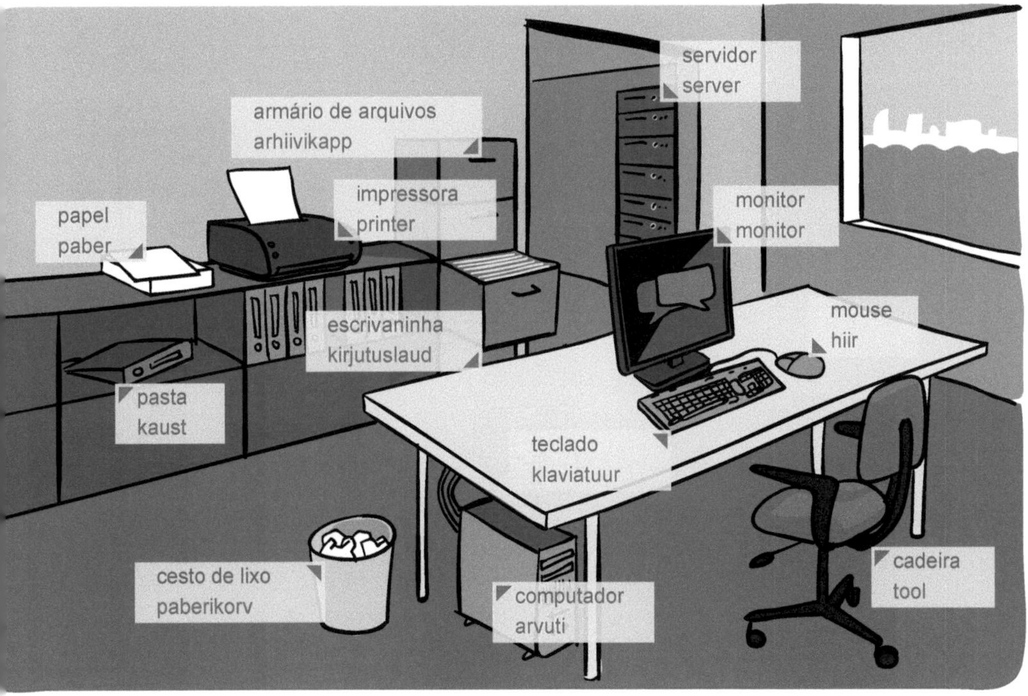
servidor
server
armário de arquivos
arhiivikapp
impressora
printer
papel
paber
monitor
monitor
mouse
hiir
escrivaninha
kirjutuslaud
pasta
kaust
teclado
klaviatuur
cesto de lixo
paberikorv
computador
arvuti
cadeira
tool

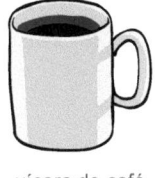

xícara de café

kohvikruus

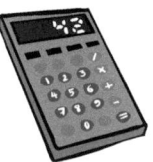

calculadora

kalkulaator

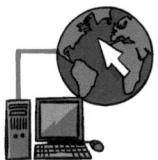

internet

internet

laptop
sü

learvuti

carta
kiri

mensagem
sõnum

celular
mobiiltelefon

rede
võrk

copiadora
koopiamasin

software
tarkvara

telefone
telefon

tomada
pistikupesa

fax
faksimasin

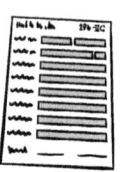

formulário
vorm

documento
dokument

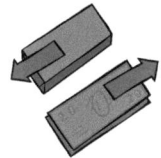

comprar

ostma

pagar

maksma

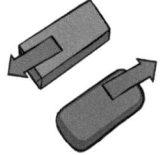

negociar

vahetama

dinheiro

raha

Dólar

dollar

Euro

euro

Yen

jeen

rublo

rubla

franco suíço

Šveitsi frank

renminbi yuan

renminbi jüaan

rupia

ruupia

caixa eletrônico

sularahaautomaat

casa de câmbio

valuutavahetuspunkt

ouro

kuld

prata

hõbe

petróleo

nafta

energia

energia

preço

hind

contrato

leping

imposto

maks

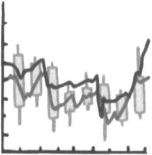

ação

aktsia

trabalhar

töötama

empregado

töötaja

empregador

tööandja

fábrica

tehas

loja

kauplus

profissões
ametid

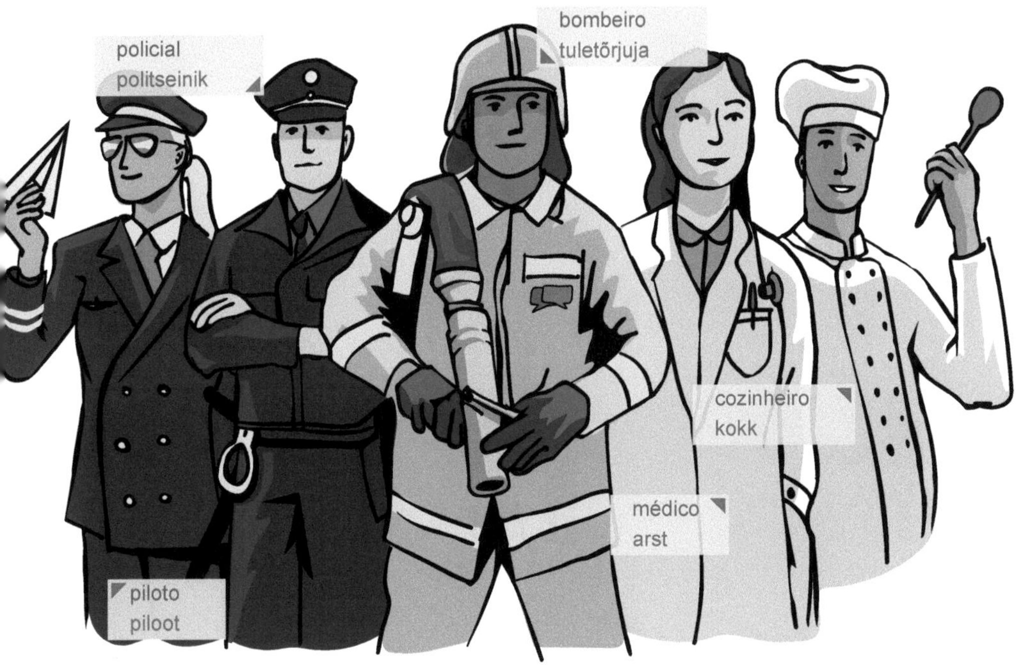

policial
politseinik
bombeiro
tuletõrjuja
cozinheiro
kokk
médico
arst
piloto
piloot

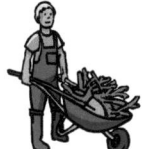

jardineiro

aednik

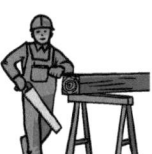

marceneiro

puusepp

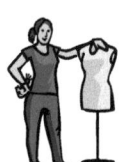

costureira

õmbleja

juiz

kohtunik

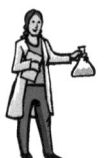

químico

keemik

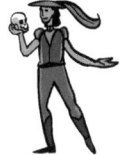

ator

näitleja

motorista de ônibus

bussijuht

motorista de táxi

taksojuht

pescador

kalamees

faxineira

koristaja

telhador

katusepaigaldaja

garçom

kelner

caçador

jahimees

pintor

maaler

padeiro

pagar

eletricista

elektrik

construtor

ehitaja

engenheiro

insener

açougueiro

lihunik

encanador

torumees

carteiro

postiljon

soldado
sõdur

arquiteto
arhitekt

caixa
kassapidaja

florista
lillemüüja

cabelereiro
juuksur

condutor
piletikontrolör

mecânico
mehaanik

capitão
kapten

dentista
hambaarst

cientista
teadlane

rabino
rabi

imam
imaam

monge
munk

pastor
preester

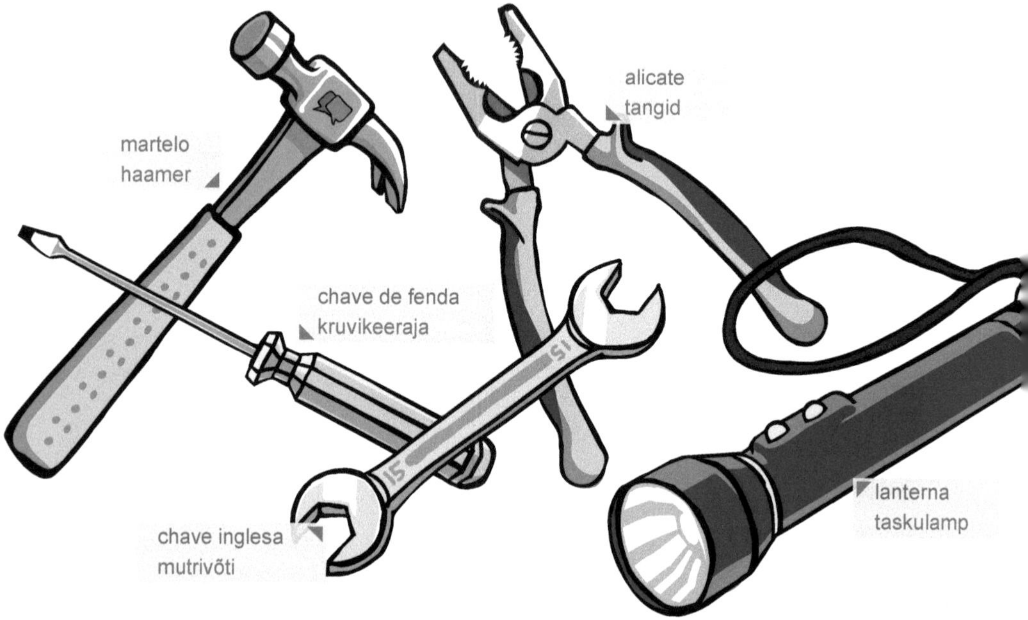

martelo
haamer

alicate
tangid

chave de fenda
kruvikeeraja

chave inglesa
mutrivõti

lanterna
taskulamp

escavadora
ekskavaator

caixa de ferramentas
tööriistakast

escada de mão
redel

serra
saag

pregos
naelad

furadeira
trell

consertar
....
parandama

pá
....
labidas

Droga!
....
Põrgusse!

pá de lixo
....
kühvel

pote de tinta
....
värvipott

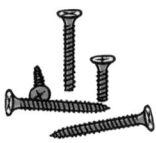

parafusos
....
kruvid

instrumentos musicais
pillid

bateria
trummikomplekt

alto-falante
kõlar

guitarra
kitarr

contrabaixo
kontrabass

trompete
trompet

piano

klaver

violino

viiul

baixo

bass

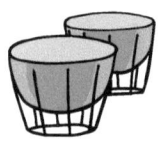

timbales

timpan

tambor

trummid

teclado

süntesaator

saxofone

saksofon

flauta

flööt

microfone

mikrofon

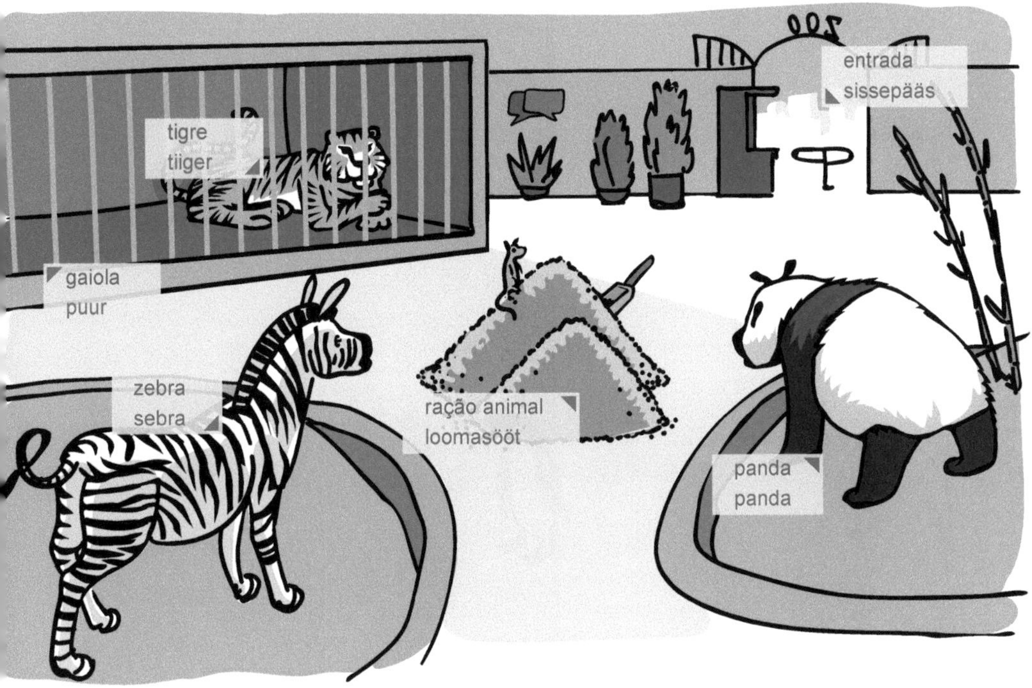

entrada
sissepääs

tigre
tiiger

gaiola
puur

zebra
sebra

ração animal
loomasööt

panda
panda

animais
loomad

elefante
elevant

canguru
känguru

rinoceronte
ninasarvik

gorila
gorilla

urso
karu

camelo

kaamel

avestruz

jaanalind

leão

lõvi

macaco

ahv

flamingo

flamingo

papagaio

papagoi

urso polar

jääkaru

pinguim

pingviin

tubarão

hai

pavão

paabulind

cobra

madu

crocodilo

krokodill

guarda do zoológico

loomaaiatalitaja

foca

hüljes

jaguar

jaaguar

pônei
poni

leopardo
leopard

hipopótamo
jõehobu

girafa
kaelkirjak

águia
kotkas

javali
metssiga

peixe
kala

tartaruga
kilpkonn

morsa
morsk

raposa
rebane

gazela
gasell

futebol americano
Ameerika jalgpall

ciclismo
jalgrattasõit

tênis
tennis

basquete
korvpall

natação
ujumine

boxe
poksimine

hóquei no gelo
jäähoki

futebol
jalgpall

badminton
sulgpall

atletismo
kergejõustik

handebol
käsipall

esqui
suusatamine

polo
polo

pular
hüppama

abraçar
kallistama

rir
naerma

andar
jalutama

cantar
laulma

sonhar
unistama

rezar
palvetama

beijar
suudlema

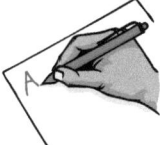

escrever
kirjutama

desenhar
joonistama

mostrar
näitama

empurrar
lükkama

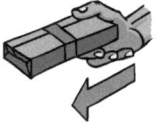

dar
andma

tomar
võtma

ter
omama

fazer
tegema

ser
olema

ficar de pé
seisma

correr
jooksma

puxar
tõmbama

jogar
viskama

cair
kukkuma

deitar
lamama

esperar
ootama

carregar
kandma

sentar
istuma

vestir
riidesse panema

dormir
magama

despertar
ärkama

olhar para

vaatama

chorar

nutma

acariciar

paitama

pentear

kammima

falar

rääkima

entender

aru saama

perguntar

küsima

ouvir

kuulama

beber

jooma

comer

sööma

arrumar

korrastama

amar

armastama

cozinhar

süüa tegema

dirigir

sõitma

voar

lendama

velejar

purjetama

calcular

arvutama

ler

lugema

aprender

õppima

trabalhar

töötama

casar

abielluma

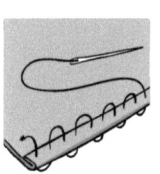

costurar

õmblema

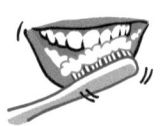

escovar os dentes

hambaid pesema

matar

tapma

fumar

suitsetama

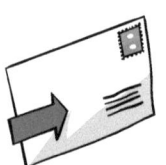

enviar

saatma

família
perekond

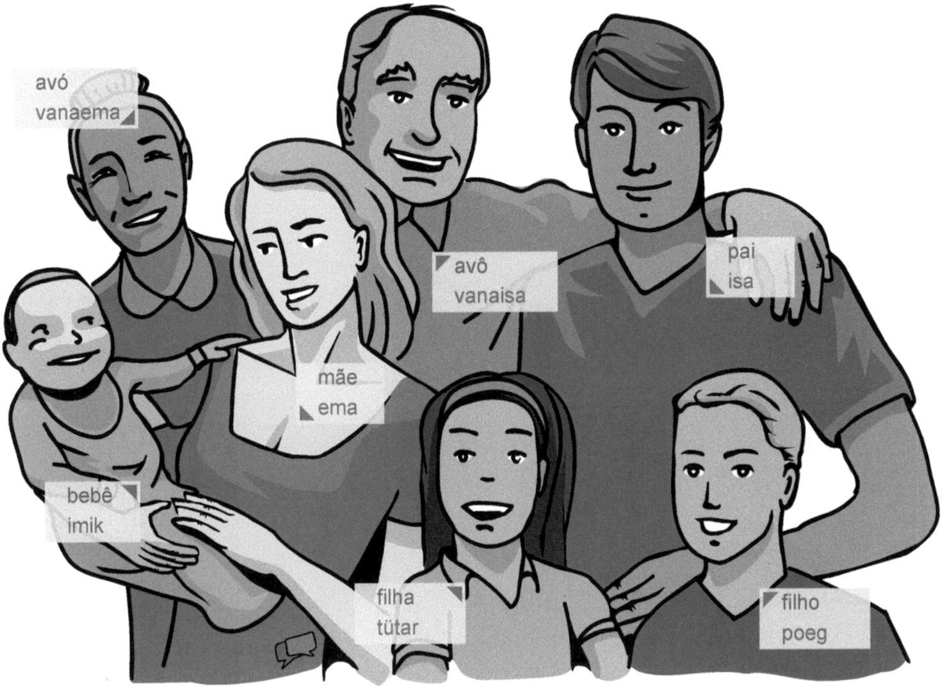

avó
vanaema
avô
vanaisa
pai
isa
mãe
ema
bebê
imik
filha
tütar
filho
poeg

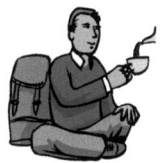

convidado

külaline

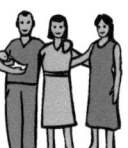

tia

tädi

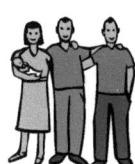

tio

onu

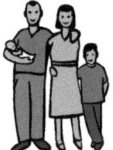

irmão

vend

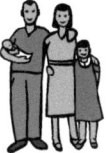

irmã

õde

corpo

keha

testa
otsmik
olho
silm
rosto
nägu
queixo
lõug
peito
rind
dedo
sõrm
mão
käsi
braço
käsivars
ombro
õlg
perna
jalg

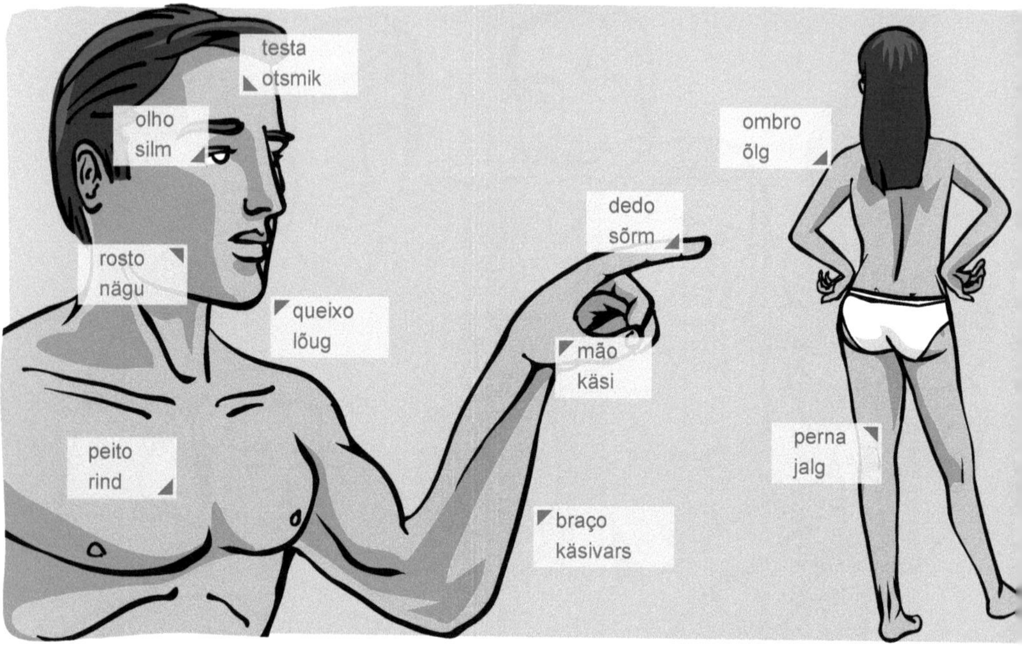

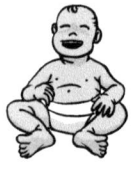

bebê
imik

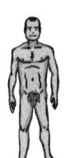

homem
mees

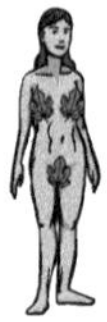

mulher
naine

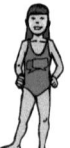

menina
tüdruk

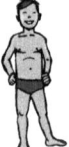

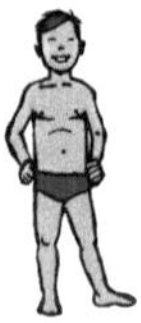

menino
poiss

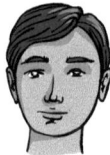

cabeça
pea

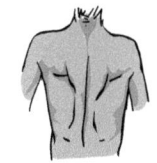

costas

selg

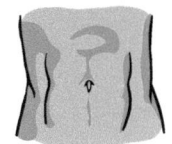

barriga

kõht

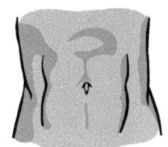

umbigo

naba

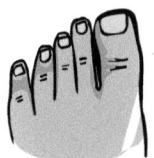

dedo do pé

varvas

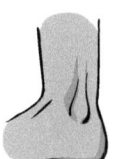

calcanhar

kand

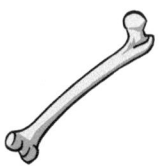

osso

luu

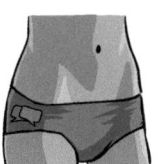

anca

puus

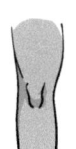

joelho

põlv

cotovelo

küünarnukk

nariz

nina

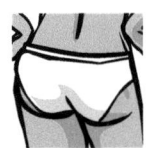

nádegas

tagumik

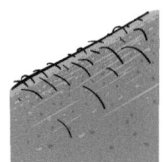

pele

nahk

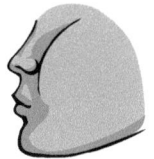

bochecha

põsk

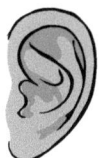

orelha

kõrv

lábio

huuled

corpo - keha

69

boca

suu

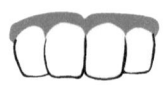

dente

hammas

língua

keel

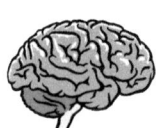

cérebro

aju

coração

süda

músculo

lihas

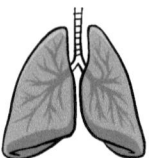

pulmão

kops

fígado

maks

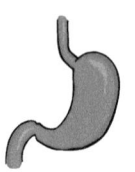

estômago

magu

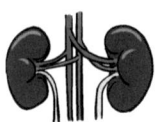

rins

neerud

relações sexuais

seksuaalvahekord

preservativo

kondoom

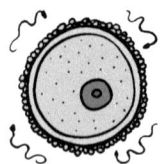

óvulo

munarakk

esperma

sperma

gravidez

rasedus

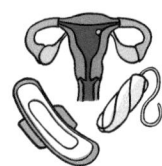

menstruação

menstruatsioon

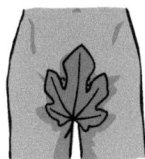

vagina

vagiina

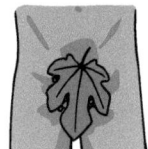

pênis

peenis

sobrancelha

kulm

cabelo

juuksed

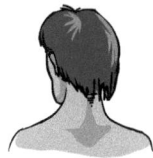

pescoço

kael

hospital
haigla

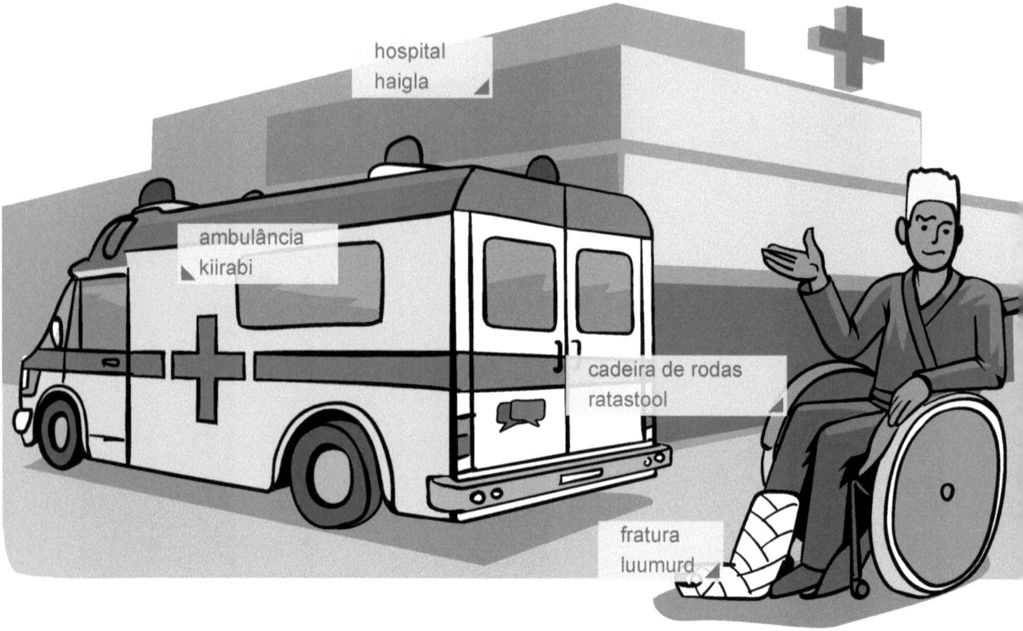

hospital
haigla
ambulância
kiirabi
cadeira de rodas
ratastool
fratura
luumurd

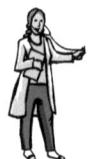

médico
....
arst

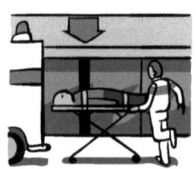

pronto-socorro
....
traumapunkt

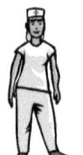

enfermeira
....
meditsiiniõde

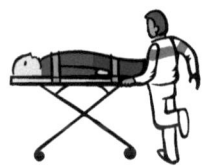

emergência
....
hädaolukord

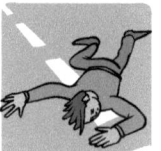

inconsciente
....
teadvuseta

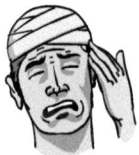

dor
....
valu

ferimento

vigastus

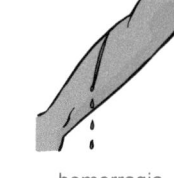

hemorragia

verejooks

ataque cardíaco

südamerabandus

acidente vacular cerebral

insult

alergia

allergia

tosse

köha

febre

palavik

gripe

gripp

diarreia

kõhulahtisus

dor de cabeça

peavalu

câncer

vähk

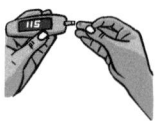

diabetes

diabeet

cirurgião

kirurg

bisturi

skalpell

operação

operatsioon

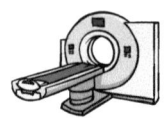

CT
KT

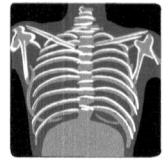

raio x
röntgen

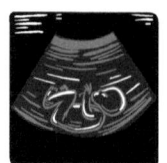

ultrassom
ultraheli

máscara
mask

doença
haigus

sala de espera
ooteruum

muleta
kark

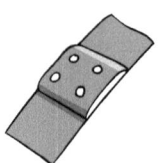

bandeide
kips

ligadura
side

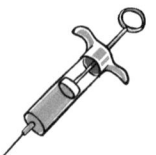

injeção
süst

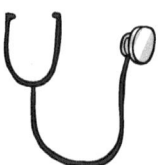

estetoscópio
stetoskoop

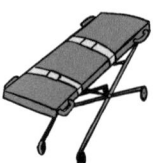

maca
kanderaam

termômetro
kraadiklaas

nascimento
sünd

excesso de peso
ülekaaluline

aparelho auditivo

kuuldeaparaat

desinfetante

desinfektsioonivahend

infecção

põletik

vírus

viirus

HIV / AIDS

HIV / AIDS

medicamento

meditsiin

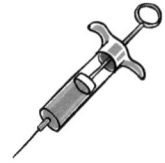

vacinação

vaktsineerimine

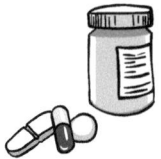

comprimidos

tabletid

pílula

pill

chamada de emergência

hädaabikõne

dispositivo de medição de
pressão arterial

vererõhuaparaat

doente / saudável

haige / terve

Socorro!

Appi!

alarme

häire

assalto

kallaletung

ataque

rünnak

perigo

oht

saída de emergência

avariiväljapääs

Fogo!

Tulekahju!

extintor de incêndios

tulekustuti

acidente

õnnetus

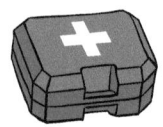

maleta de primeiros
socorros
esmaabikomplekt

SOS

SOS

polícia

politsei

Europa

Euroopa

América do Norte

Põhja-Ameerika

América do Sul

Lõuna-Ameerika

África

Aafrika

Ásia

Aasia

Austrália

Austraalia

Atlântico

Atlandi ookean

Pacífico

Vaikne ookean

Oceano Índico

India ookean

Oceano Antártico

Lõuna-Jäämeri

Oceano Ártico

Põhja-Jäämeri

Polo Norte

põhjapoolus

Polo Sul

lõunapoolus

Antártica

Antarktika

Terra

Maa

terra

maismaa

mar

meri

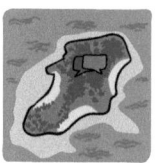

ilha

saar

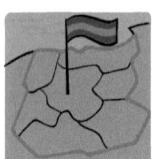

nação

rahvus

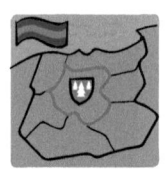

estado

riik

mostrador do relógio
....
sihverplaat

ponteiro das horas
....
tunniosuti

ponteiro dos minutos
....
minutiosuti

ponteiro dos segundos
....
sekundiosuti

Que horas são?
....
Mis kell on?

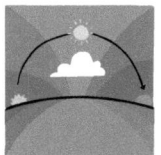

dia
....
päev

tempo
....
aeg

agora
....
praegu

relógio digital
....
digitaalne kell

minuto
....
minut

hora
....
tund

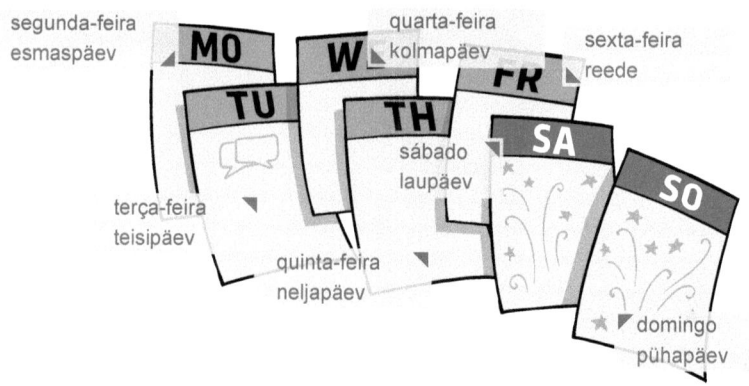

segunda-feira
esmaspäev

quarta-feira
kolmapäev

sexta-feira
reede

terça-feira
teisipäev

sábado
laupäev

quinta-feira
neljapäev

domingo
pühapäev

ontem
....
eile

hoje
....
täna

amanhã
....
homme

manhã
....
hommik

meio-dia
....
lõuna

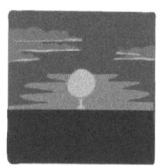

entardecer
....
õhtu

MO	TU	WE	TH	FR	SA	SU
1	2	3	4	5	6	7
8	9	10	11	12	13	14
15	16	17	18	19	20	21
23	23	24	25	26	27	28
29	30	31	1	2	3	4

dias úteis
....
tööpäevad

MO	TU	WE	TH	FR	SA	SU
1	2	3	4	5	6	7
8	9	10	11	12	13	14
15	16	17	18	19	20	21
22	23	24	25	26	27	28
29	30	31	1	2	3	4

fim de semana
....
nädalavahetus

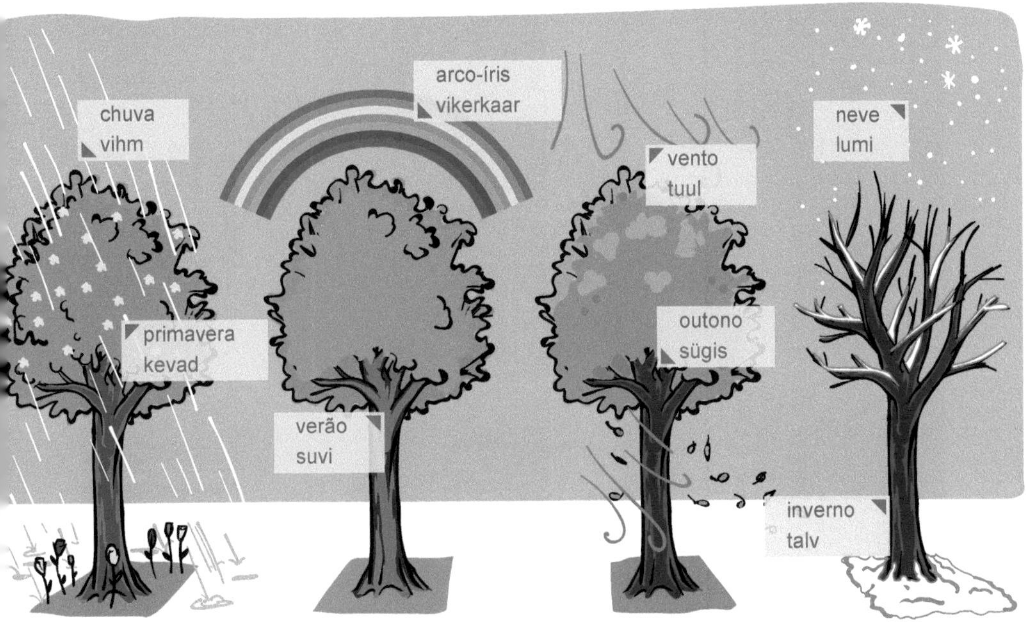

chuva
vihm

arco-íris
vikerkaar

vento
tuul

neve
lumi

primavera
kevad

outono
sügis

verão
suvi

inverno
talv

4.APRIL	11°	☀
5.APRIL	4°	🌦
6.APRIL	13°	⛆
7.APRIL	8°	☀
8.APRIL	10°	☀

previsão do tempo
ilmaennustus

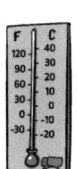

termômetro
termomeeter

raio de sol
päikesepaiste

nuvem
pilv

neblina / nevoeiro
udu

umidade do ar
niiskus

relâmpago
pikne

trovão
kõu

tempestade
torm

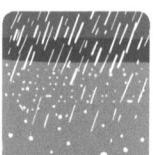

granizo
rahe

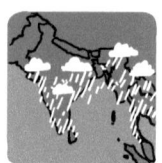

monção
mussoon

inundação
üleujutus

gelo
jää

janeiro
jaanuar

fevereiro
veebruar

março
märts

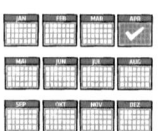

abril
aprill

maio
mai

junho
juuni

julho
juuli

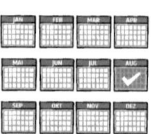

agosto
august

ano - aasta

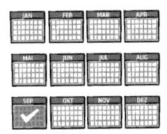

setembro
....
september

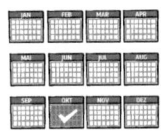

outubro
....
oktoober

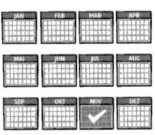

novembro
....
november

dezembro
....
detsember

formas
kujundid

círculo
....
ring

quadrado
....
ruut

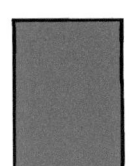

retângulo
....
nelinurk

triângulo
....
kolmnurk

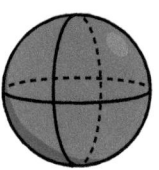

esfera
....
kera

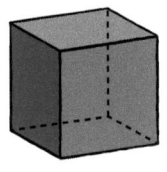

cubo
....
kuup

branco
valge

amarelo
kollane

laranja
oranž

rosa
roosa

vermelho
punane

lilás
lilla

azul
sinine

verde
roheline

marrom
pruun

cinza
hall

preto
must

muito / pouco

palju / vähe

furioso / tranquilo

vihane / rahulik

lindo / feio

ilus / inetu

começo / fim

algus / lõpp

grande / pequeno

suur / väike

claro / escuro

hele / tume

irmão / irmã

vend / õde

limpo / sujo

puhas / must

completo / incompleto

täielik / puudulik

dia / noite

päev / öö

morto / vivo

surnud / elus

largo / estreito

lai / kitsas

comestível / não comestível

söödav / mittesöödav

mau / gentil

kuri / sõbralik

entusiasmado / entediado

põnevil / tüdinud

gordo / magro

paks / peenike

primeiro / último

esimene / viimane

amigo / inimigo

sõber / vaenlane

cheio / vazio

täis / tühi

duro / macio

kõva / pehme

pesado / leve

raske / kerge

fome / sede

nälg / janu

doente / saudável

haige / terve

ilegal / legal

ebaseaduslik / seaduslik

inteligente / idiota

tark / rumal

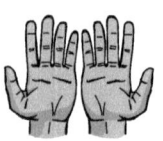

esquerda / direita

vasak / parem

perto / longe

lähedal / kaugel

  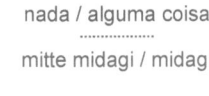

novo / usado   nada / alguma coisa   velho / jovem

uus / kasutatud   mitte midagi / midagi   vana / noor

ligado / desligado   aberto / fechado   baixo / alto

sees / väljas   lahti / kinni   vaikne / vali

rico / pobre   certo / errado   áspero / liso

rikas / vaene   õige / vale   kare / sile

triste / feliz   curto / longo   lento / rápido

kurb / rõõmus   lühike / pikk   aeglane / kiire

molhado / seco   ameno / fresco   guerra / paz

märg / kuiv   soe / jahe   sõda / rahu

0

zero

null

1

um

üks

2

dois

kaks

3

três

kolm

4

quatro

neli

5

cinco

viis

6

seis

kuus

7

sete

seitse

8

oito

kaheksa

9

nove

üheksa

10

dez

kümme

11

onze

üksteist

12

doze

kaksteist

13

treze

kolmteist

14

quatorze

neliteist

15

quinze

viisteist

16

dezesseis

kuusteist

17

dezessete

seitseteist

18

dezoito

kaheksateist

19

dezenove

üheksateist

20

vinte

kakskümmend

100

cem

sada

1.000

mil

tuhat

1.000.000

milhão

miljon

inglês

inglise

inglês americano

Ameerika inglise

chinês mandarim

mandariini

hindi

hindi

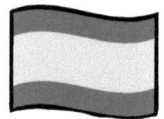

espanhol

hispaania

francês

prantsuse

árabe

araabia

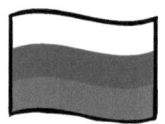

russo

vene

português

portugali

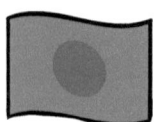

bengalês

bengali

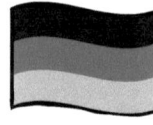

alemão

saksa

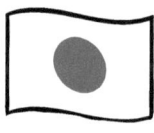

japonês

jaapani

eu
....
mina

você
....
sina

ele / ela
....
tema

nós
....
meie

vocês
....
teie

eles / elas
....
nemad

quem?
....
kes?

O quê?
....
mis?

como?
....
kuidas?

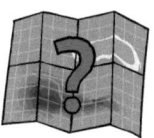

onde?
....
kus?

Quando?
....
millal?

nome
....
nimi

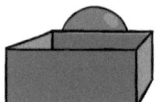

atrás

taga

em

sees

na frente de

ees

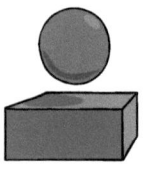

sobre

kohal

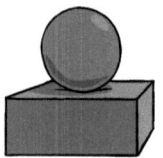

em cima

peal

debaixo

all

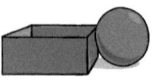

do lado

kõrval

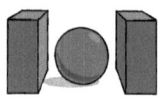

entre

vahel

lugar

koht